CATALOGUE

DES

OBJETS DE CURIOSITÉ

ET D'AMEUBLEMENT

ANCIENNES PORCELAINES DE CHINE ET AUTRES

Faïences

OBJETS DE VITRINE

MEUBLE DU XVIe SIÈCLE

Bronzes et Meubles du XVIIIe siècle et du Premier Empire

TAPISSERIES FLAMANDES

DONT LA VENTE AURA LIEU A PARIS

HOTEL DROUOT, SALLE N° I

LE LUNDI 5 JUIN 1905

à deux heures

COMMISSAIRE-PRISEUR	EXPERTS
Me PAUL CHEVALLIER	**MM. MANNHEIM**
10, rue Grange-Batelière	7, rue Saint-Georges

EXPOSITIONS

PARTICULIÈRE : *Le Samedi 3 Juin 1905.* } DE 1 HEURE 1/2
PUBLIQUE : *Le Dimanche 4 Juin 1905.* } A 5 HEURES 1/2

CONDITIONS DE LA VENTE

Elle sera faite au comptant.

Les acquéreurs paieront *dix pour cent* en sus des enchères.

L'exposition mettant le public à même de se rendre compte de l'état et de la nature des objets, il ne sera admis aucune réclamation, une fois l'adjudication prononcée.

Paris. — Imp. de l'Art, E. Moreau et Cie, 41, rue de la Victoire.

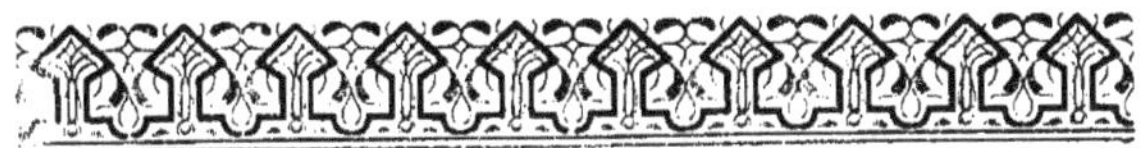

DÉSIGNATION

PORCELAINES ET FAIENCES

1 — Trois tasses et deux soucoupes variées en ancienne porcelaine de Chine, famille rose : fleurs.

2 — Porte-huilier ovale, à décor bleu et rouge, en ancienne faïence de Rouen.

3 — Figurine de femme tenant des fleurs dans son tablier. Ancienne porcelaine italienne.

4 — Figurine de joueur de cornemuse en ancienne porcelaine de Chelsea.

5 — Figurine en ancienne porcelaine de Saxe : Jeune femme jouant de la cornemuse.

6 — Coupe en ancienne porcelaine de Saxe, décor de fleurs et oiseaux.

7 — Théière et sucrier avec couvercles, deux tasses avec soucoupes en porcelaine tendre, à décor d'oiseaux dans des réserves, sur fond bleu.

8 — Grand plat à reptiles et coquillages, émaillé en couleurs. Suite de Bernard Palissy.

(*Vente Seillière.*)

9 — Petit plat ovale en ancienne faïence de Bernard Palissy, offrant à son centre une cavité ovale jaspée, entourée de quatre cavités rondes émaillées bleu, et séparées par des fleurons découpés à jour, et émaillés en couleurs.

(*Vente Seillière.*)

10 — Petit plat rond en ancienne faïence de Faenza. L'ombilic est décoré d'une bonne foi, surmontée d'un écusson armorié ; le reste du plat est orné d'imbrications et de rinceaux.

11 — Deux beurriers et un compotier carré, à décor de fleurs. Ancienne porcelaine tendre de Sèvres, fond vert.

12 — Deux vases, décor bleu, attributs dans des réserves, fond bleu caillouté chargé de fleurs de pêcher. Ancienne porcelaine de Chine. Garnitures de bronze doré.

13 — Vase en porcelaine de Chine, époque Kien-lung : Cortège composé de piétons et cavaliers ; paysage maritime sur l'épaulement. Col et base en bronze doré.

14 — Deux potiches en ancienne porcelaine de Chine, famille verte, décor de branches fleuries et d'oiseaux. Cols et bases en bronze doré.

15 — Deux autres analogues.

OBJETS DE VITRINE

16 — Miniature ovale : Portrait d'homme en buste de la fin du XVIIIe siècle. Cadre en bois sculpté.

17 — Montre à double boitier, du temps de Louis XVI, en or gravé, ornée sur la cuvette d'une peinture sur émail, portrait de femme en buste, entourée de jargons. Cadran signé : *Patry et Chaudoir à Genève*.

18 — Montre en or de couleur, ciselé, ornée sur la cuvette d'une peinture en émail, buste de femme, entourée de jargons. Cadran signé : *Girod à Genève*. Époque Louis XVI.

19 — Montre à double boitier en or repoussé : sujet mythologique et rocailles en relief sur la cuvette. Mouvement signé : *Réguillon Bergier*. Époque Louis XV.

20 — Boite à musique en or, émaillé gros-bleu, avec bordures à fleurs sur fond bleu-clair, le dessus présente une peinture sur émail à sujet allégo-

rique, encadrée de demi-perles ; cette peinture masque un oiseau automate et chantant. Travail de Genève, fin du XVIIIe siècle.

OBJETS VARIÉS

21 — Coupe antique en argent, forme évasée, ornée, au bord supérieur, d'oves et d'un rang de perles.

22 — Burette en verre de Venise incolore, à fleurs de lys en relief et nervures saillantes, décorée à la gorge de deux filets d'émail jaune. XVIe siècle.

23 — Gobelet à pied et à gorge en verre de Venise incolore, décoré de filets d'émail blanc croisés, avec bulle d'air réservée entre chaque losange, formé par les filets d'émail.

24 — Coupe antique en argent, forme hémisphérique, décorée, au pourtour, de cannelures de la plus grande régularité d'exécution. Travail de l'époque de Ptolémée.

25 — Pyxide à toit conique en cuivre champlevé et émaillé, à rosaces et fleurons. Limoges, XIIIe siècle.

26 — Croix d'autel en argent ciselé et doré en partie, sur pied losangé et cintré. Elle est enrichie

de bustes de saints personnages et de mascarons en relief, ainsi que de feuillages découpés et boules en cristal de roche. La base postérieure est garnie de plaques en cristal taillé à biseaux, qui permettent de voir les reliques que l'on peut placer à l'intérieur. Travail allemand, dans le style Renaissance.

27 — Très grande croix processionnelle en argent, à décor de feuillages, fleurs de lys et de motifs d'architecture gothique ; elle est enrichie de médaillons en émail translucide sur argent à figures de saints. Espagne, fin du XVe siècle.

(*Vente Spitzer.*)

28 — Grand Christ en ivoire. XVIIe siècle.

29 — Statuette en buis sculpté : Sainte femme debout, priant, en costume Renaissance.

30 à 32 — Treize pièces : semainier, cadres de thermomètres, porte-allumettes, porte-cure-dents, porte-montres, veilleuse, cuivre : coupe-papier, nacre, etc.

33 — Armet et bourguignote.

34 — Buste en marbre blanc, grandeur nature, d'Elisa Bonaparte, avec l'inscription au revers : *Bartolini direxit.*

(*Vente Talleyrand.*)

35 — Groupe en marbre blanc : Mercure se préparant à trancher la tête d'Argus. Support en bois sculpté.

36 — Statuette en terre cuite : David accoudé à un tronc d'arbre, sur lequel est placée la tête de Goliath.

37 — Vase en ancien émail cloisonné de la Chine : fleurs en couleurs, sur fond bleu ; monté en lampe, en bronze.

38 — Reliure en cuir gravé, du XVIe siècle.

39 — Encadrement Louis XIII en bois sculpté, à motifs d'architecture et bustes de femmes.

BRONZES, PENDULES

40 — Deux bras-appliques, à deux lumières, en bronze, à décor de feuillages et entrelacs. Régence.

41 — Pendule, de forme contournée, en marqueterie de cuivre sur écaille, garnie de bronzes : figures du Temps et de Cléopâtre. Époque Louis XIV.

Haut., 95 cent.

42 — Lampe, destinée à être suspendue, formée d'une figure de Sirène à califourchon sur un

dauphin fantastique; socle contourné à moulures. Bronze.

43 — Deux chenets en bronze doré, du temps de Louis XVI, se composant chacun d'un vase de forme ovoïde, à anses-têtes de satyres, reposant sur un piédestal carré, orné d'un médaillon et de rosaces. Ce vase est relié par une galerie à balustres à une cassolette ovale d'où s'échappent des flammes.

Haut., 60 cent.; larg., 51 cent.

44 — Deux flambeaux, du temps de Louis XVI, en bronze ciselé et doré à décor de feuilles.

45 — Buste d'Empereur romain, grandeur nature, la tête tournée vers la droite. Bronze italien du XVIe siècle, avec chlamyde en marbre blanc sculpté.

Haut., 75 cent.

(Vente Seillière.)

46 — Petit cadre en bronze doré, à cariatides d'hommes et de femmes, enroulements, figurines, mascarons, surmonté d'un écusson armorié. Il renferme un miroir biseauté. Travail italien du XVIe siècle.

47 — Marteau de porte, composé d'une figure de Neptune nu et debout, placée entre deux chevaux marins ailés, dont les corps se terminent

par des enroulements à feuilles d'acanthe et queues de poissons. La poignée est formée par une coquille et le marteau est accompagné de ses accessoires, c'est-à-dire d'une rosace et d'un mascaron. Bronze italien du XVIe siècle.

Haut., 38 cent.; larg., 30 cent.

(*Vente Seillière.*)

48 — Chauffe-main en cuivre gravé et damasquiné, à décor d'arabesques. Venise, XVIe siècle.

49 — Figurine de femme debout, à demi-nue, en bronze antique.

50 — Bas-relief en bronze, à patine brune : Apollon au milieu des Muses. Ancien travail italien.

51 — Plaquette en bronze : jeune femme et personnage portant deux enfants. Ancien travail italien.

52 — Plaquette en bronze : Saint Jérôme. Ancien travail italien.

53 — Deux petits groupes en bronze patiné : satyre et satyresse assis sur une base contournée. Italie, XVIe siècle.

54 — Figurine en bronze, à patine brune : femme nue, debout, tenant une draperie. Ancien travail italien.

55 — Statuette en bronze, à patine brune : Jupiter nu, debout. Italie, XVIe siècle.

56 — Petite coupe en bronze, à patine brune, sur pied à trois dauphins. Base en marbre. Italie, XVIe siècle.

57 — Encrier, de forme carrée, en bronze patiné : feuillages et mascarons. Ancien travail italien.

58 — Plaquette en bronze : personnages dans une église. Ancien travail italien.

59 — Plaquette en bronze : Silène et sa suite. Ancien travail italien.

60 — Cinq médailles variées en bronze.

61 — Deux statuettes en bronze, à patine brune : femmes drapées à l'antique et tenant une palme et une colombe en bronze doré. Bases en marbre de couleur et bronze doré, à décor de médaillons-bustes. Époque Louis XVI.

62 — Pendule-borne en bronze patiné et doré : décor de cornes d'abondance et guirlandes. Époque Empire.

63 — Deux vases en bronze patiné et doré : guirlandes et palmettes. Époque Empire.

64 — Deux candélabres en bronze patiné et doré, à figures de femmes ailées, debout. Époque Empire.

65 — Horloge à gaine hollandaise, de la fin du XVIIIe siècle ; cadran en métal.

66 — Lustre en bronze, de style chinois.

67 — Pendule Louis XIV, sur un socle-applique, en marqueterie de cuivre sur écaille ; bas-relief, mascaron, etc.

68 — Cartel Louis XVI en bronze, à décor de têtes de béliers, mufle de lion, vase et graine. Cadran signé : *Lenepveu à Paris.*

69 — Deux bras-appliques Louis XVI en bronze, à deux lumières : décor de guirlandes de laurier, vase et tête de bouc.

MEUBLES

70 — Meuble en bois sculpté, à deux corps, quatre portes et deux tiroirs, enrichi de cariatides, de rinceaux et d'arabesques. Les angles du corps supérieur du meuble sont garnis de colonnes cannelées à chapiteaux corinthiens et son fronton est composé d'un cartouche à mascaron, flanqué de deux sphinx fantastiques. Travail français du XVIe siècle.

Haut., 2 m. 40 cent.; larg., 1 m. 26 cent.

(Vente Seillière.)

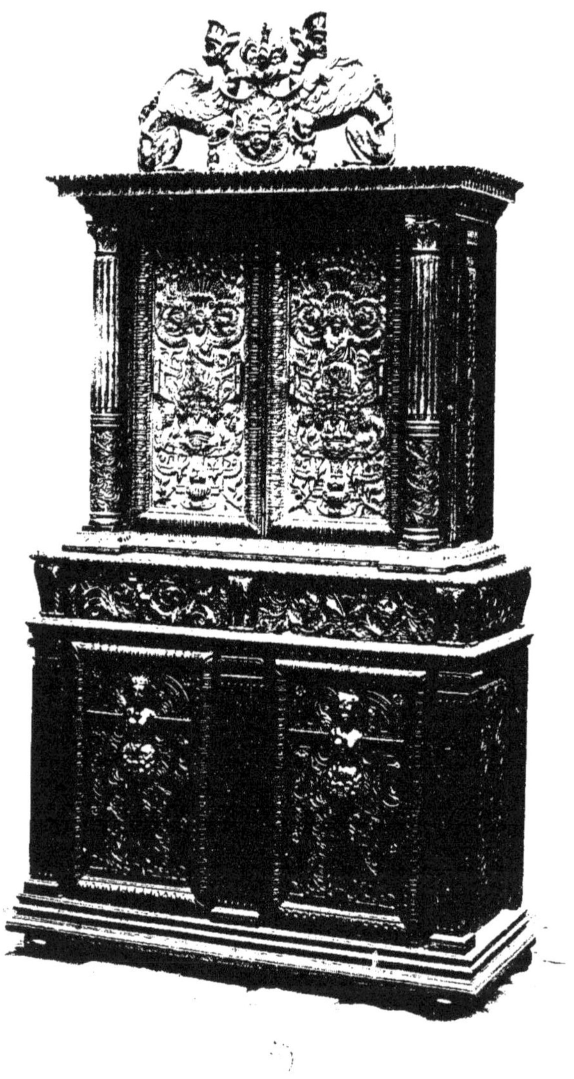

70

Phototypie Berthaud, Paris

71 — Paravent à quatre feuilles, dont deux décorées de panneaux en laque rouge et laque à décor en dorure et couleur sur fond noir. Les deux autres feuilles et le revers sont ornés de panneaux de satin gros-bleu brodé à fleurs.

72 — Deux fauteuils en bois sculpté, de style Renaissance : médaillons, bustes et rinceaux feuillagés.

73 — Deux coffres en bois sculpté, de style Renaissance : mufles de lions et rinceaux feuillagés.

74 — Petite console en bois sculpté, du même travail que les coffres précédents.

75 — Console en bois sculpté et doré, à coquilles et guirlandes. Dessus de marbre. Époque Louis XV.

76 — Bureau à dos-d'âne Louis XV en bois de violette à quadrillés.

77 — Secrétaire droit à abattant, à portes et tiroirs, en acajou. Dessus de marbre blanc. Époque Louis XVI.

78 — Commode, à trois rangs de tiroirs, en marqueterie de bois de couleurs : feuillages et carrelages. Dessus de marbre brèche d'Alep. Fin de l'époque Louis XV.

79 — Trumeau en bois peint gris, à décor d'attributs. Époque Louis XVI.

80 — Console en acajou, du temps de Louis XVI, à un tiroir, avec tablette d'entrejambes et dessus de marbre blanc. Galeries de cuivre.

81 — Table-console à un tiroir en marqueterie de bois de couleurs : rosaces et encadrements. Époque Louis XVI.

82 — Table-bureau Empire en acajou, garnie de bronzes ; pieds à têtes de génies.

83 — Secrétaire à abattant Empire en acajou, garni de bronzes, décor de têtes de femmes, chimères, etc.

84 — Vitrine Empire en acajou et bronzes.

85 — Bonheur-du-jour Empire, acajou et bronzes, orné d'une glace.

86 — Meuble à hauteur d'appui Empire, acajou et bronzes, figures de femmes, rinceaux, etc. Dessus de marbre.

87 — Ecran Empire en acajou, garni de bronzes, feuille en étoffe.

88 — Table-toilette Louis XVI, à trois tiroirs.

89 — Petite vitrine octogone, cristal et métal.

90 — Bergère en bois, à pieds bas, ornée de moulures, couverte en soie rayée bleu et blanc. Époque Louis XVI.

91 — Secrétaire à hauteur d'appui, abattant et portes en bois de placage. Dessus de marbre. Fin de l'époque Louis XV.

92 — Table de dame Louis XVI, de forme ronde, en bois de placage. Tablette d'entrejambes à quadrillés. Dessus de marbre ; galerie de cuivre.

93 — Banquette en bois sculpté et peint gris, à entrelacs et cannelures. Époque Louis XVI. Elle est couverte d'étoffe ancienne.

94 — Paravent à trois feuilles en cuir peint et doré à dessin de vases, oiseaux et rocailles. Travail hollandais. XVIIIe siècle.

95 — Deux fauteuils en bois sculpté et doré, à feuilles de laurier, avec grecque sur la ceinture. Signés : *I. Pothier.* Fin de l'époque Louis XV.

96 — Console en bois sculpté et doré : ceinture ajourée à rinceaux ; pieds cannelés en spirale, reliés par un croisillon surmonté d'un vase à anses-serpents. Époque Louis XVI.

97 — Glace dans un cadre ovale en bois sculpté et doré, à grosses fleurs, du XVIIe siècle.

98 — Bergère en bois sculpté, peint noir et or, à décor de feuillages et baguettes enrubanées. Époque Louis XVI. Couverte en velours rouge et vert.

99 — Armoire en bois sculpté, à décor de quadrillés, rinceaux et moulures. Époque Régence

TAPISSERIES, ÉTOFFES

100 — Chape en soie blanche brochée à fleurs, du XVIIe siècle.

101 — Dessus de piano à queue en peluche ; bordure en broderie de soie à fleurs, oiseaux et rinceaux.

102 — Tapisserie du XVIe siècle : personnages dans un parc ; bordures jaunes à personnages.

Haut., 3 m. 10 cent. ; larg., 4 m. 60 cent.

103 — Tapisserie de la fin du XVIe siècle : captifs dans des barques ; bordures jaunes à fruits et feuilles.

Haut., 2 m. 65 cent. ; larg., 2 m. 75 cent.

104 — Tapisserie d'Aubusson du XVIIIe siècle : paysannes et brebis dans la campagne ; bordures simulant un cadre avec fleurs.

Haut., 2 m. 25 cent. ; larg., 1 m. 70 cent.

105 — Deux tapisseries : sujets galants dans un paysage, et personnage de la Comédie italienne ; bordures marrons à rinceaux. XVIIIe siècle.

Haut., 3 m. 50 cent. ; larg., 2 m. 30 cent.
Larg., 1 m. 85 cent.

106 — Tapisserie flamande du XVIIIe siècle, atelier de *G. Werniers* : repas champêtre ; bordures simulant un cadre.

Haut., 3 m. 30 cent.; larg., 2 m. 25 cent.

107 — Tapisserie flamande du XVIIIe siècle : danses champêtres, dans le goût de Teniers, avec bordures.

Haut., 2 m. 40 cent.; larg., 4 m. 65 cent.

108 — Suite de cinq tapisseries flamandes du XVIIIe siècle : figures allégoriques aux cinq parties du monde ; bordures simulant des cadres.

Haut., 3 m. 25 cent.; larg., 3 m. 50 cent.
Larg., 3 m. 50 cent.
Larg., 2 m. 10 cent.
Larg., 2 m. 15 cent.
Larg., 2 m. 15 cent.

109 — Tapisserie rectangulaire flamande du XVIIe siècle : la Chasse de Diane. La déesse, accompagnée de deux suivantes, poursuit un cerf blessé, réfugié dans un buisson. Fond de parc à la française. Bordures simulant un cadre.

Haut., 2 m. 60 cent.; larg., 3 m. 90 cent.

110 — Tapisserie de Bruxelles du XVIIe siècle : épisode de la guerre de Troie. Composition de nombreux personnages, avec navire, animaux et verdure.

Haut., 3 m. 20 cent.; larg., 4 m. 10 cent.

111 — Panneau de tapisserie flamande du XVIIe siècle : Achille trempé par sa mère dans les eaux du Styx. Composition de quatre personnages.

Haut., 3 m. 25 cent.; larg., 2 mètres.

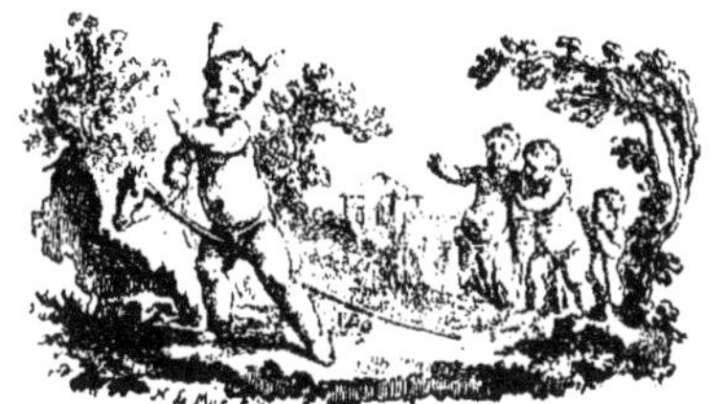

www.ingramcontent.com/pod-product-compliance
Ingram Content Group UK Ltd.
Pitfield, Milton Keynes, MK11 3LW, UK
UKHW020537180726
13839UKWH00006B/2576

9 782329 540771